만화로 보는
정재서 교수의
이야기 동양신화

만화로 보는 정재서 교수의
이야기 동양신화 ① 천지창조

1판 1쇄 인쇄 2020. 9. 1.
1판 1쇄 발행 2020. 9. 8.

원작 정재서
글·그림 김학수

발행인 고세규
편집 박민수 디자인 유상현 마케팅 김용환 홍보 최정은
발행처 김영사
등록 1979년 5월 17일(제406-2003-036호)
주소 경기도 파주시 문발로 197(문발동) 우편번호 10881
전화 마케팅부 031)955-3100, 편집부 031)955-3200 | 팩스 031)955-3111

저작권자 ⓒ 정재서·김학수, 2020
이 책은 저작권법에 의해 보호를 받는 저작물이므로
저자와 출판사의 허락 없이 내용의 일부를 인용하거나 발췌하는 것을 금합니다.

값은 뒤표지에 있습니다.
ISBN 978-89-349-9128-1 77150

홈페이지 www.gimmyoung.com 블로그 blog.naver.com/gybook
페이스북 facebook.com/gybooks 이메일 bestbook@gimmyoung.com

좋은 독자가 좋은 책을 만듭니다.
김영사는 독자 여러분의 의견에 항상 귀 기울이고 있습니다.

이 도서의 국립중앙도서관 출판예정도서목록(CIP)은 서지정보유통지원시스템 홈페이지
(http://seoji.nl.go.kr)와 국가자료종합목록 구축시스템(http://kolis-net.nl.go.kr)에서
이용하실 수 있습니다.(CIP제어번호 : CIP2020035033)

KC마크는 이 제품이 공통안전기준에 적합함을 의미합니다.

어린이제품 안전특별법에 의한 표시사항

제품명 도서 제조년월일 2020년 9월 8일 제조사명 김영사 주소 10881 경기도 파주시 문발로 197
전화번호 031-955-3100 제조국명 대한민국 ⚠주의 책 모서리에 찍히거나 책장에 베이지 않게 조심하세요.

상상력의 보물창고, 우리 문화에 숨겨진 수수께끼를 찾아서

| 중국 편 |

만화로 보는 정재서 교수의
이야기 동양신화

정재서 원작 | 김학수 글·그림

1 천지창조

김영사

머리말

잘 몰랐지만 꼭 알아야 할
동양신화를 찾아서

우리는 신화를 볼 때마다 알 수 없는 호기심과 신비감으로 설렙니다. 왜 허무맹랑해 보이는 오래된 이야기에 빠져드는 걸까요? 그것은 원시 시대에 우리 인간이 맨 처음 떠올렸던 생각과 느낌이 신화 속에 담겨 있기 때문입니다. 다시 말해 신화에는 우리 모습의 원형이 있습니다. 그래서 신화를 알면 인간의 참모습을 볼 수 있고, 인간이 만든 모든 문화의 뿌리를 이해할 수 있지요. 신화야말로 상상력의 원천이자 보물창고라고 할 수 있습니다.

그런데 잠깐, '신화' 하면 여러분은 어떤 신화를 떠올리나요? 혹시 그리스 로마 신화가 생각나나요? 안타까운 일이지만, 동양 사람인 우리는 서양 신화에 더 친숙합니다. 우리가 지금까지 그리스 로마 신화를 중심으로 읽어온 것은 결국 상상력의 원천 가운데 한쪽만 편식해왔다는 사실을 의미하지요. 지금도 그렇지만 앞으로는 창의력과 상상력이 풍부한 사람이 큰 꿈을 펼칠 수 있습니다. 서양의 신화뿐만 아니라 동양의 신화까지 잘 알면 번뜩이는 아이디어와 재치 있는 생각을 펼치는 데 큰 도움이 될 거예요. 생각의 깊이와 너비가 무한대로 커질 거예요. 여러분이 잘 아는 포켓몬 혹은 포켓몬 고의 많은 캐릭터, 평창올림픽 전야제에 선보인 인면조가 바로 동양신화적 상상력의 결과물이랍니다.

또, 동양신화를 읽으면 상상력을 업그레이드시킬 수 있을 뿐만 아니라 우리 문화의 뿌리까지 배울 수 있습니다. '요지경'이라는 말이 어디에서 나왔는지, 견우와

  직녀는 어쩌다가 은하수를 사이에 두고 헤어졌는지, 섣달 그믐날 밤에 잠을 자면 왜 눈썹이 희어진다고 했는지 알 수 있어요. 신화가 우리 모습의 원형을 간직하고 있기 때문에 동양신화를 보면 우리 고유의 문화가 보이는 것이지요.

  이미 출간되어 많은 독자로부터 환영받고 있는 단행본 《이야기 동양신화》[중국편]을 어린이와 청소년부터 성인에 이르기까지 모두 쉽고 재미있게 읽을 수 있도록 그림으로 풀어보았습니다. 동양신화에서 큰 비중을 차지하는 중국 대륙의 신화를 중심으로 꾸며졌는데, 사실상 중국 신화는 중국뿐만 아니라 한국, 일본, 베트남 등 동양 문화 전체에 큰 영향을 미친 공유의 자산이기도 합니다. 마치 그리스 로마 신화가 서양 문화에서 차지하는 지위처럼요.

  이제 《만화로 보는 정재서 교수의 이야기 동양신화》를 통해 그리스 로마 신화와는 다른 동양신화만의 다채롭고 독특한 스토리에 흠뻑 빠져보시기 바랍니다. 끝으로 이 소중한 책에서 친근한 그림과 유머 넘치는 대화로 동양신화의 풍미를 구현하고자 노력한 김학수 작가님께 깊은 감사를 드립니다.

2020년 8월 유례없이 긴 장마를 보내고
이화여대 명예교수 정재서 올림

차례

1 하늘과 땅이 열리다

1화 눈도 입도 없는 기이한 새에서 시작된 세상 • 12
2화 1만 8천 년의 잠에서 깨어난 거인 • 18
3화 인류의 조상이 홍수에서 살아남은 남매라고? • 26

2 창조와 사랑의 여신들

4화 창조의 신 여와, 세상을 만들고 만물을 빚다 • 52
5화 불사와 생명의 여신 서왕모를 찾아서 • 68
6화 "견우와 직녀는 일 년에 단 한 번만 만나도록 하라!" • 92

3 천하를 호령한 큰 신들

7화 동양신화의 제우스, 황제 • 138
8화 머리는 소, 몸은 사람인 농업의 신 염제 • 146
9화 좋은 신, 나쁜 신, 이상한 신 • 150

4 자연에 깃든 신들

- 10화 하늘과 바람과 별의 신 · 166
- 11화 산과 바다를 다스리는 신 · 178
- 12화 왜 귀신은 새벽이 오면 도망갈까? · 182

5 인간의 세상이 열리다

- 13화 인간을 야만에서 구한 불 · 190
- 14화 인간의 삶을 이롭게 한 문명의 신들 · 201

정 박사님의 재미있는 신화교실

- ❶ 몸이 세상으로 변하다, 신체화생설 · 25
- ❷ 흙으로 사람을 빚다, 인류의 출현 · 30
- ❸ 인류의 재창조, 홍수남매혼형 신화 · 48
- ❹ 여와의 별칭에 담긴 의미 · 59
- ❺ 왜 동양신화에는 반인반수가 많을까? · 67
- ❻ 불로장생과 부귀영화를 불러오는 그림, 요지연도 · 83
- ❼ 만인의 우상으로 다시 태어난 불사와 생명의 여신 · 91
- ❽ 무산 신녀와 회왕이 나눈 사랑의 의미 · 103
- ❾ 동아시아에 널리 퍼진 견우와 직녀 신화 · 134
- ❿ 오방의 신들이 혼란스러운 이유 · 162
- ⓫ '동양의 비너스', 항아 · 171
- ⓬ 동양의 자연 신화에 담긴 우리 고대 문화 · 177
- ⓭ 귀신이나 나쁜 기운을 쫓는 문신 · 187
- ⓮ 인간을 만물의 중심에 올려놓은 불의 발명 · 193
- ⓯ 문명의 창시자들 · 210

주요 등장 신 소개

제강
혼돈의 신

코끼리 비슷한 몸에 얼굴이 없고 다리가 여섯 개, 날개가 네 개 달렸다. 눈, 코, 입이 없어 볼 수도 말할 수도 들을 수도 없다. 태초의 혼돈과 우주에 충만한 에너지의 흐름을 춤과 노래로 표현했다.

반고
최초의 생명이자
세상 만물의 시작

태초의 우주에서 태어나, 매일 3미터씩 자라면서 머리로는 하늘을 떠받치고 발로는 땅을 디뎌 하늘과 땅을 멀리 떨어뜨려 놓았다. 죽은 후 거대한 그의 몸에서 세상 만물이 생겨났다. 왼쪽 눈은 해, 오른쪽 눈은 달, 손과 발은 산, 피는 강물, 힘줄은 길이 되었다.

복희와 여와
다시 시작된
인류의 조상

땅 위 세계를 다스리는 신 고비의 아들과 딸. 하늘을 다스리는 숙부 뇌공이 큰 홍수를 일으켜 사람들이 모두 떠내려가고 남매만 남게 되자, 둘이 결혼해서 인류를 다시 번성시킨다.

여와
대지를 지배하는
동양 최초의
어머니 신

태초에 황토를 뭉쳐 사람을 빚어낸 창조의 여신. 세상 만물도 만들어냈다. 남자와 여자가 결혼하도록 도와주는 중매의 신, 파괴된 자연을 복구하는 치유의 신이기도 하다. '복희와 여와'의 여와와 이름은 같지만 다른 존재다.

서왕모
죽음의 여신에서
생명의 여신으로

표범의 꼬리와 호랑이 이빨을 한, 반은 짐승이고 반은 사람인 반인반수의 여신. 중국의 서쪽 끝인 신령스러운 산 곤륜산에 살면서 인간의 죽음과 형벌을 관장했다. 후세에 아름답고 매력적인 여신의 모습으로 바뀌고 불사약을 지닌 생명의 여신으로 숭배의 대상이 된다.

무산 신녀
사랑의 여신이 된
구슬 아가씨

큰 신 염제의 셋째 딸로 이름은 요희. 어린 나이에 죽어 '요초'라는 풀로 거듭났는데, 그 열매를 먹은 사람은 누구에게나 사랑을 받았다. 요희는 훗날 아름다운 무산의 여신으로 또 한 번 태어나 초나라 회왕과 꿈같은 사랑을 나눈다.

직녀
견우를 사랑한 천제의 딸

아름다운 외모에 베를 짜는 솜씨가 뛰어난 여신. 은하수 건너편의 견우와 결혼했으나, 아버지 천제의 노여움을 사 1년 중 7월 칠석날 한 번만 만날 수 있었던 안타까운 사랑 이야기의 주인공. 성실한 인간 남성을 도와주러 내려오기도 한다.

황제
신들을 통치하는 최고신

얼굴이 넷이었다고도 하고, 누런 용의 몸을 가졌다고도 한다. 중앙의 큰 신으로, 하늘과 곤륜산을 오가면서 천하를 다스렸다. 구름, 비, 바람 등 모든 기상 현상을 주관했다. 모든 신을 소집, 감독하고 통치하는 신들의 임금이다.

염제
어질고 친절한 농업의 신

남방의 큰 신으로, 불의 신이자 농업의 신. '신농'이라고도 부른다. 소의 머리에 사람의 몸을 하고 있다. 황제가 나타나기 전 천하를 지배했으나 황제의 도전을 받아 최고신의 자리를 내주었다. 의약의 신이기도 하다.

항아
동양의 비너스 달의 여신

동양신화 최고의 미인. 명궁 예의 아내로 남편이 얻어온 불사약을 혼자 다 먹고 달로 도망가 달의 여신이 되었다. 남편을 배신한 탓으로 벌을 받아 두꺼비로 변해 달에서 후회하며 살고 있다는 설도 있다.

수인씨
불의 창시자

나무를 마찰해 불을 일으키는 방법을 맨 처음 발명했다. 수명국에 수목이라는 나무가 있었는데, 새가 날아와 나무를 탁탁 쪼면 불이 일어나곤 했다. 이 모습을 보고 나뭇가지 두 개를 꺾어 서로 비빔으로써 불을 발명했다고 한다.

잠신
누에의 여신

말에게 집을 떠난 아버지를 데려다주면 시집가겠다고 약속했으나, 말이 아버지를 모셔오자 약속을 어겼다. 이후 말과 함께 누에로 변했는데, 사람들은 그녀에게 누에치기가 잘되기를 기원했다.

치우
대장장이의 신이자 전쟁의 신

구리 머리에 쇠 이마를 하고 모래와 돌을 먹었으며, 돌을 캐 창과 칼 등의 무기를 만들었다. 염제의 후계자로, 최고신 황제의 통치에 반기를 들고 치열한 전쟁을 벌이기도 한다. 죽어서 전쟁의 신이 되었다.

어서 와, 동양신화는 처음이지?

우주가 어떻게 생겨났을지 생각해본 적 있어?
인간은 누구이며, 세상은 왜 지금 이 모습일까?
아주 오래전 사람들이 우리 자신과 세상에 대해 궁금해하다 내놓은 해석이 바로 신화야.
그런데 우리는 동양에 살면서도 '신화' 하면 서양 신화를 떠올리지.
동양신화는 어떤 흥미진진한 이야기로 가득 차 있을지 기대해도 좋아!
잘 몰랐지만 꼭 알아야 할 동양신화의 세계로 출발~

1 하늘과 땅이 열리다

1화
눈도 입도 없는 기이한 새에서 시작된 세상

우리가 사는 세상은 언제 어떻게 태어났을까? 옛날 사람들에겐 온통 궁금한 것투성이였어.

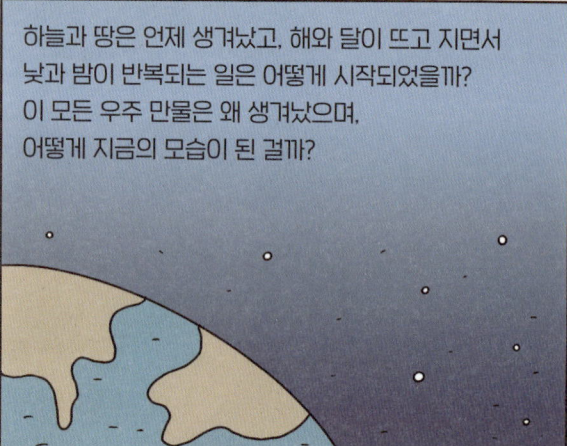

하늘과 땅은 언제 생겨났고, 해와 달이 뜨고 지면서 낮과 밤이 반복되는 일은 어떻게 시작되었을까? 이 모든 우주 만물은 왜 생겨났으며, 어떻게 지금의 모습이 된 걸까?

세상이 탄생하기 전, 그러니까 태초의 모습을 옛날 사람들은 이렇게 상상했어.
"옛날 하늘과 땅이 생겨나지 않았을 때, 다만 어슴푸레한 모습만 있었지. 형체는 없었고 어둑어둑할 뿐이었다."

이 새를 보면, 포대처럼 생긴 붉은 몸뚱이에 네 개의 날개와 여섯 개의 다리가 달려 있어.
얼굴이 없다는 게 정말 특이한 점이지. 눈, 코, 입, 귀가 없으니 얼마나 답답하겠어?
볼 수도, 맡을 수도, 말할 수도, 들을 수도 없다는 것 자체가 한편으로 혼돈 그 자체일 수도 있지.
생김새만큼 성격도 답답했을까? 전혀! 놀랍게도 이 새는 춤과 노래에 능했어.
그뿐 아니라 즐기기까지 했다는구나. 이 새가 바로 혼돈의 신 '제강'이란다.

코끼리 사촌쯤 되는 펑퍼짐한 몸매와 다리에 날개만 달렸을 뿐, 얼굴이 없어 앞뒤 구분도 쉽지 않은 이 엉뚱한 새가 노래를 하고 춤을 춘다고 생각해 봐. 우습긴 해도, 옛날 사람들이 제강을 이런 모습으로 상상한 데는 다 이유가 있었어. 노래와 춤은 우주의 소리와 움직임을 상징하는 것이기도 하거든.

왜 옛날 사람들은 볼 수도 들을 수도 없는 혼돈의 신 제강이 노래와 춤을 좋아하며 즐길 줄 안다고 표현했을까? 춤과 노래는 문자로 쓴 기록문학이 생기기 전 원시종합예술*의 가장 중요한 부분이었어. 신화 시대 사람들은 춤과 노래로써 우주에 충만한 에너지의 흐름을 흉내 내려고 했지. 그래서 제강에게도 춤과 노래를 즐길 줄 아는 속성과 능력을 부여했던 것 아닐까?

*예술의 기원에 해당하는 원시시대의 예술로, 시와 노래와 무용이 합쳐진 형태였다.

그런데 그 격렬한 혼돈의 소용돌이 속에 아주 작은 덩어리가 나타나기 시작했어. 그 덩어리는 점점 커져서 사람의 모습으로 변해갔지. 그러다 마침내 혼돈에서 최초의 생명, 즉 거인 '반고'가 생겨난 거야. 반고는 알 속에서 웅크리고 잠만 잤어. 잠시 잠깐 낮잠도 아니고 1만 년 동안 깊은 잠에 취해 있었단다.

반고의 숨결은 바람이, 목소리는 우레가, 왼쪽 눈은 해가, 오른쪽 눈은 달이 되었어.
손과 발은 이름난 산으로, 피는 강물로, 힘줄은 길로, 살은 논밭으로 변했지.
머리털과 수염은 별, 몸에 난 털은 풀과 나무, 이와 뼈는 쇠붙이와 돌, 골수는 보석, 땀은 비와 호수가 되었어.

짐 박사님의 재미있는 신화교실 1

몸이 세상으로 변하다, 신체화생설

태초의 혼돈 속에서 거인이 태어나고, 이 거인이 죽음으로써 세상이 만들어진다는 이야기를 신체화생설 혹은 거인화생설이라고 한다. 거인의 죽은 몸이 이 세상의 만물을 이루게 되는 것이다.

이처럼 거인을 자연과 같은 것으로 보는 신화는 인간의 몸과 자연을 하나로 여기는 원시 인류의 생각에서 나온 것이다. 신체화생설을 표현한 신화는 세계 곳곳에 존재한다. 바빌로니아 신화에서는 모든 신의 어머니인 티아마트가, 인도 신화에서는 거인 푸루샤가, 게르만 신화에서 또한 거인 이미르가 각각 다른 신들에게 살해당한 후 그 몸이 갈라져 하늘과 땅, 바다, 호수 등의 자연으로 새롭게 창조되었다.

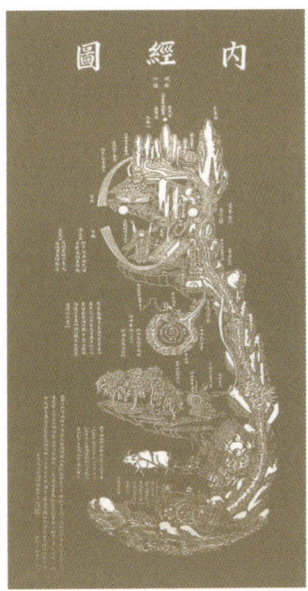

바빌로니아의 태초 거인 티아마트
거대한 용의 모습을 한 티아마트가 젊은 신들에게 살해되는 장면. 티아마트의 몸은 반으로 갈라져 하늘과 땅이 되었다. 바빌로니아의 원통형 인장.

인체의 각 기관을 자연에 비유한 그림
사람의 몸은 또 하나의 세계다. 배에서 농사를 짓고 머리인 곤륜산에 올라 천상의 신선을 만난다. 청나라 때의 〈내경도〉.

1_ 하늘과 땅이 열리다 25

정 박사님의 재미있는 신화교실 2

흙으로 사람을 빚다, 인류의 출현

신이 흙으로 사람을 빚었다는 이야기는 세계 곳곳에서 찾아볼 수 있다. 함경남도에는 압록산에서 황토를 모아 남자와 여자가 만들어졌다는 창조 신화가 전해져 내려오며, 성경 〈창세기〉와 그리스 로마 신화에도 흙으로 사람을 만들었다는 이야기가 나온다.

그렇다면 옛날 사람들은 왜 신들이 흙으로 자신들을 빚었다고 생각한 것일까? 신석기 시대에 흙으로 그릇을 만들 수 있게 된 인간이, 마찬가지로 신도 역시 흙으로 자신들을 만들어 냈을 거라고 상상했을 가능성이 높다. 또 사람이 죽으면 몸이 썩어 흙으로 돌아가는 모습을 보고, 사람의 몸과 흙이 동일하다고 믿은 결과일 수도 있다.

그리스 신이 흙으로 인간을 빚고 있는 모습
그리스 로마 신화에서는 프로메테우스가 흙을 강물로 반죽해 사람을 빚어냈다고 한다. 기원전 2~3세기 작품.

옛날에도 질병과 전염병이 있었고, 가뭄이나 홍수 등 자연재해로 사람들이 많이 죽기도 했어. 그중에서도 홍수 피해가 가장 심했지. 그래서 세계 여러 곳에 비슷한 내용의 홍수 신화가 전해지고 있단다. 복희와 여와 남매도 커다란 홍수로 세상이 다 사라진 후에 다시 사람들을 만들어 낸 거야.

형 고비는 자신이 다스리는 땅 위 세상의 고통을 차마 지켜볼 수 없었어.

뇌공, 너는 언제까지 이렇게 심술을 부릴 것이냐? 이러다가 땅 위의 모든 게 다 죽어 버릴지도 몰라!

뇌공 이 녀석…

고비는 동생 뇌공을 그냥 두어서는 안 되겠다고 생각하고, 뇌공의 힘을 빼앗기로 마음먹었지.

1_ 하늘과 땅이 열리다

땅 위 세상에 다시 큰 재앙이 닥친 거지.
곳곳에서 홍수가 나 세상은 온통 물로 뒤덮이고, 가장 높은 산꼭대기만 남게 되었어.
사람들도 모두 물에 빠져 죽었지. 땅 위 세상 전체가 물에 잠기는 건 시간문제였어.
아버지 고비도 물에 휩쓸려 갔지만 복희와 여와는 슬퍼할 겨를도 없었단다.

정 박사님의 재미있는 신화교실 3

인류의 재창조, 홍수남매혼형 신화

큰 홍수로 인류가 다 멸망한 후, 살아남은 남매가 결혼해서 인류를 재창조했다는 이야기를 홍수남매혼형 신화라고 한다. 중국에서는 오랜 옛날부터 복희와 여와를 민족의 시조로 숭배해 왔다.

홍수가 나서 세상이 온통 물에 잠긴 후 인류가 재창조되었다는 신화는 중국뿐만 아니라 세계 곳곳에서 전해 내려온다. 그리스 로마 신화에서는 홍수가 나서 모든 사람이 죽고 데우칼리온 부부만 살아남는다. 성경에서는 똑같은 상황에서 방주를 탄 노아 가족만이 살아남는다.

그런데 동양과 서양의 홍수 신화에는 몇 가지 차이점이 있다. 우선 홍수가 일어난 동기가 다르다. 서양에서는 신이 노해 인간을 징벌하는 성격이 강하지만, 동양에서는 순수한 자연재해라든가 신들끼리의 전쟁 때문 등 다른 경향을 보인다. 복희와 여와 이야기에서도 징벌은 간접적일 뿐 인류를 멸망시킬 홍수의 직접적 원인은 신들 간의 다툼이었다. 또 홍수 이후 살아남은 존재가 서양의 경우 대개 부부라든가 일가족이지만, 동양신화에서는 미혼 남녀나 남매인 경우가 많다.

홍수남매혼형 신화는 한국의 함흥 지역에도 전해 내려온다. 또 고구려 고분 벽화에도 복희 여와 남매로 추정되는 남녀 한 쌍이 그려져 있다.

〈고구려 고분 벽화의 복희와 여와〉

해를 머리에 인 남자는 양의 기운, 달을 머리에 인 여자는 음의 기운을 상징한다. 얼굴과 의복이 중국에서 전해지는 〈복희여와도〉와는 사뭇 다르게 고구려 민족의 특성을 반영하고 있다. 중국 지린성 지안의 오회분 4호 묘 벽화.

〈복희여와도〉

복희는 직각자인 곱자를, 여와는 원을 그리는 컴퍼스인 그림쇠를 들고 있다. 둘의 머리 위에는 태양이, 발치에는 달이 있으며 주위에 별자리들이 흩어져 있다. 이는 둘이 우주의 원리를 구현하는 존재임을 상징한다. 하반신은 생식력을 상징하는 뱀의 형상으로 서로 꼬여 있다. 당나라 때의 그림.

여신이 먼저, 남신은 그다음!

세상의 질서를 세우고 만물을 창조한 신은 누구일까?
동양의 여신 가운데 가장 오래되고 위대한 존재로 꼽히는 여와 여신이야.
우리가 알고 있는 신화의 세계에서 주인공은 거의 남신이고 여신은 조연이지만,
사실 여신은 남신보다 더 먼저 등장한 위대한 신이었지.
죽음과 생명의 여신 서왕모도 빼놓을 수 없어.
죽음보다는 생명의 긍정적인 이미지가 강조되면서 많은 사람이 좋아하게 되었지.
이제 여신들을 만나보자고!

2 창조와 사랑의 여신들

4화
창조의 신 여와, 세상을 만들고 만물을 빚다

*가장(주로 남성)이 가족 구성원에 대해 강력한 권한을 가지고 가족을 통솔하는 형태.

그렇다면 위대한 여신들의 이야기부터 시작해 볼까? 여와는 동양 최초의 어머니 신으로 "태고의 신성한 여인으로서 만물을 만들어 낸 존재"라고 기록되어 있어.

여와가 "땅에서 출현하였다"라는 기록도 남아 있지. 뱀의 몸을 하였다는 말도 있는데 신화 시대에는 뱀을 신성하게 생각했기 때문이야.

이런 이야기들을 종합해 보면, 여와는 창조신의 성격을 지닌 대지모신*임을 알 수 있단다.

*만물의 터전인 대지를 관장하는 어머니 신.

앞에서, 여와가 황토를 뭉쳐 사람을 빚어냈다는 이야기는 했지?
이 창조의 여신은 사람뿐만 아니라 다른 것도 만들었단다. 첫째 날에는 닭,
둘째 날에는 개, 셋째 날에는 양, 넷째 날에는 돼지, 다섯째 날에는 소,
여섯째 날에는 말, 일곱째 날에는 사람, 여덟째 날에는 곡식,
아홉째 날에는 조, 열째 날에는 보리를 만들었지.

정 박사님의 재미있는 신화교실 4

여와의 별칭에 담긴 의미

앞서 보았듯, 여와는 '창조신' '대지모신' '고매신' 등 다양한 별칭으로 불린다. 이 별칭들은 여성의 생리적인 특성에서 착안되었다. 여성의 몸은 아기를 임신하고 출산한다는 점에서 대지와 같은 속성을 지닌다. 곡물이 자라나는 대지가 아기를 출산하는 여성의 몸에 비유된 것이다. 대지모신인 여와는 만물이 생겨나는 터전인 대지를 관장하는 창조신이기도 하다. 여와의 창조 행위 가운데 가장 저명한 것이 바로 인류 창조다. 인간을 만든 여와는 인간이 계속 번성할 수 있도록 남녀를 짝지워 결혼하도록 도와주었고, 결혼 제도를 만든 여와를 사람들은 중매의 신으로 숭배했다. 여와는 그리스 로마 신화에서 대지의 여신 가이아, 농업의 여신 데메테르, 가족의 수호신 헤라 등의 성격을 지녔다.

이때 여와가 나섰어. 자신이 창조한 인간이 불행해지는 것을 원치 않았던 거야. 여와는 파괴된 하늘과 땅을 가장 먼저 원상복구하기로 마음먹었어.

비명을 들으니 마음이 아프구나. 또 내가 나설 차례인가! 내가 끝까지 책임을 져야겠어.

천하의 여와에게도 하늘과 땅의 보수 공사는 쉽지 않을 거야.

인간을 만들었는데 하늘과 땅을 못 고치겠어?

여와는 오색 빛깔의 돌을 찾아내서 잘 다듬었어. 그 오색 돌로 하늘의 뚫린 구멍을 한 땀 한 땀 기웠단다.

샤방~

2. 창조와 사랑의 여신들

2. 창조와 사랑의 여신들 65

여와 이야기에서 우리가 눈여겨볼 게 있어. 바로 남신들의 파괴적인 성향과 대비되는, 여신들의 생산적이고 치유적인 역할이야.

정 박사님의 재미있는 신화교실 5

왜 동양신화에는
반인반수가 많을까?

동양신화를 보면 뱀의 몸을 한 여와, 소머리를 한 염제, 용의 얼굴을 한 창힐 등 반은 짐승의 모습을 한 신과 영웅의 이미지가 많이 나타나 당황해하는 독자도 있을 것이다. 평창 올림픽 전야제 때 선을 보인 사람의 얼굴을 한 새, 즉 인면조를 보고 불편한 느낌이 들었다는 사람들도 있다. 이것은 우리가 지금까지 애독해온 그리스 로마 신화의 이미지에 익숙하기 때문이다. 그리스 로마 신화에서는 인간이 표준이기 때문에 완전한 신들은 완전한 인간 곧 미남, 미녀로 표현되고 인간의 몸에 짐승이 섞이면 사악한 존재로 간주한다. 그러나 인간과 자연의 조화를 존중하는 동양신화에서는 인간과 동물이 섞인 반인반수가 나쁘게만 인식되지 않는다. 오히려 완전한 신과 영웅은 반인반수로 표현되는 경우가 많다. 이러한 동서양 신화의 차이점을 생각한다면 반인반수가 징그럽고 흉물스럽기만 한 것은 아닐 것이다.

소머리를 한 괴물 미노타우로스
로마시대의 모자이크.

소머리를 한 농업의 신 염제
지안의 고구려 오회분 5호묘.

2. 창조와 사랑의 여신들　67

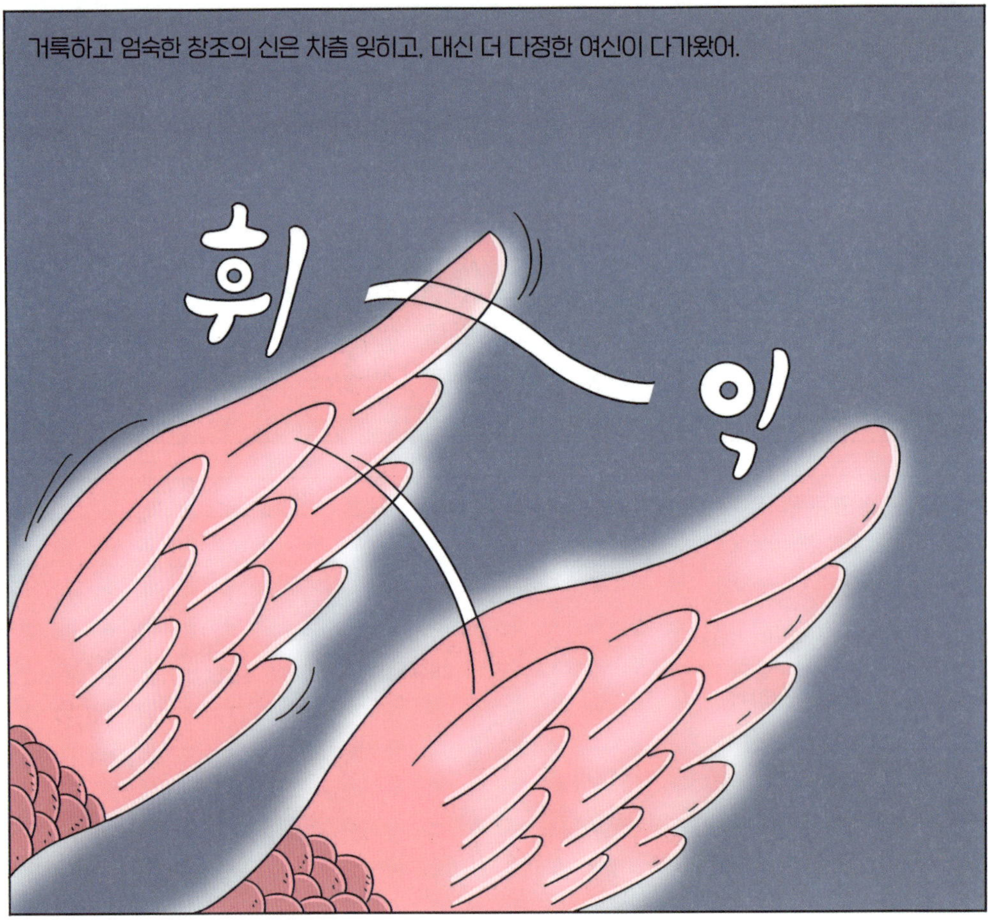

서왕모는 시간이 한참 흐른 다음에야 앞 그림의 귀부인처럼 묘사되기도 했지만, 처음에는 마귀할멈처럼 생겼었다고 해.

더 옛날에는 사람의 형상도 아니었대. 반은 사람이고 반은 짐승인 반인반수의 여신이었던 거지. 얼핏 보면 사람 같기는 한데, 표범의 꼬리와 호랑이 이빨에 쑥대처럼 거칠고 헝클어진 머리에 비녀를 꽂았다고 해.

실제로 서왕모는 그 모습답게 하는 일도 살벌했어. 돌림병을 퍼뜨리거나 코를 베고 손발을 자르는 형벌을 담당했지.

서왕모의 휘파람 소리야. 고대 중국에서 휘파람 불기는 음악의 한 갈래였어. 휘파람의 악보까지 전해 내려오고 있단다. 그만큼 음악을 즐기는 여신이었다는 걸 알 수 있지.

서왕모는 육류를 먹었을 텐데, 그것을 사냥하는 파랑새가 작고 귀여웠을 리가 있겠어?
몸의 색만 파란색일 뿐, 독수리나 솔개 같은 맹금류였을 거야.
몸이 파랗다고 해서 청조로 불렸는데, 머리는 붉고 눈은 검었다고 해.
주로 서왕모의 음식을 조달하는 일을 맡았단다.

하지만 서왕모는 죽음을 담당하는 여신이었기에 죽음을 극복할 수 있는 힘을 가진 신으로 여겨지기도 했어. 그래서 후세에 서왕모의 외모는 미인으로 묘사된단다. 죽음의 부정적인 이미지가 차츰 사라지고 생명의 긍정적인 이미지가 부각됐기 때문이야. 역사적으로 그런 서왕모에게 반한 사람들이 많았지.

서왕모의 아름다운 모습에 반한 이들 중에 주나라*의 목왕도 있었단다. 그는 더 넓은 세계를 보기 위해 길을 떠났다가 서쪽 곤륜산에서 잠시 쉬었어.

말에게 물을 먹이고 야영을 준비하거라. 이곳에서 머물 것이다.

네, 폐하~

*중국 역사에서 가장 오래, 790년간(기원전 1046~기원전 256) 유지된 나라다. 목왕(穆王)은 5대 왕이다.

정 박사님의 재미있는 신화교실 6

불로장생과 부귀영화를 불러오는 그림, 요지연도

서왕모는 요지에서 신들을 위한 잔치를 자주 베풀었다. 특히 매년 3월 3일 서왕모의 생일에 여는 잔치, 즉 요지연에는 천상의 지체 높은 신들과 지상의 유명한 신선들만 초대를 받을 수 있었다. 이 잔치에는 요지 곁의 복숭아밭 반도원에서 갓 딴 복숭아가 특별 메뉴로 제공되었다. 요지연이 얼마나 화려했는지, 바로 여기서 '요지경'이라는 말이 나왔다.

후세 사람들은 이 요지의 잔치를 주제로 그림을 그려놓고 불로장생과 부귀영화를 기원했는데, 그것을 요지연도라고 한다. 이런 풍습은 중국뿐만 아니라 조선에서도 크게 유행했다.

〈요지연도〉
서왕모(가운데)가 주나라 목왕(왼쪽)을 맞아 화려한 잔치를 벌이고 있다. 조선시대(19세기)에 그려진 것으로 경기도 박물관 소장.

서왕모가 요지에 내려오는 광경
화려한 빛깔의 봉황새를 탄 서왕모가 여러 선녀들의 환영을 받으며 요지에 하강하고 있다. 청나라 때 임훈의 〈요지예상도〉.

요지연에 참석하면, 요지 옆에 있는 복숭아밭 반도원에서 갓 딴 복숭아를 먹을 수 있었어. 이 복숭아를 반도 혹은 선도라고 해. 이 복숭아나무는 3천 년 만에 꽃이 피고 다시 3천 년 만에 열매를 맺는데, 그 열매를 한 개라도 먹으면 1만 8천 살까지 살 수 있다고 전해졌지.

이 복숭아를 탐내서 훔쳐 먹는 이들도 많았어. 그중에서 가장 유명한 사람이 바로 동방삭이야. 그 덕분인지 그는 아주 오래 살아. '삼천갑자 동방삭'으로 불리면서 오래 산 사람의 대명사가 되었지. 〈서유기〉를 보면 서왕모의 잔치에 초대받지 못한 손오공이 홧김에 반도원의 복숭아를 다 따 먹어 버렸다고 해.

*한나라(기원전 206~서기 220)의 제7대 황제로, 한왕조의 전성기를 이룩했다.

2. 창조와 사랑의 여신들

정 박사님의 재미있는 신화교실 7

만인의 우상으로 다시 태어난
불사와 생명의 여신

세월이 흐르면서 서왕모는 과거의 동물적이고 기괴한 모습에서 벗어나 점점 미모를 지닌 여신으로 변모한다. 죽음과 생명의 여신 서왕모가 지닌 두 가지 이미지 중에서 살벌한 죽음의 이미지가 사라지고 온화한 생명의 이미지가 부각된 것이다. 그러면서 서왕모의 팬들이 생겨나고 아름다운 여신과 영웅의 낭만적인 러브 스토리가 생겨났다. 우리나라에서는 고구려 고분벽화에 서왕모가 출현한 이래 고려, 조선시대에 이르기까지 끊임없이 인기를 누렸는데 많은 문학, 예술 작품 속에서도 그녀를 찾아볼 수 있다. 허난설헌은 서왕모의 열렬한 팬이었다.

마귀할멈 같은 생김새의 서왕모
원시적인 모습으로, 죽음과 형벌의 여신으로서의 이미지가 부각된 그림이다. 청나라 때 왕불의 《산해경존》.

오늘날 중국에서 숭배되고 있는 서왕모의 신상

2. 창조와 사랑의 여신들 **91**

그러나 신들의 세계에서 영원한 죽음이란 없는 법. 요희가 묻힌 곳에서 풀이 자라기 시작했어. 사람들은 이 풀을 '요초'라고 불렀단다.
그 풀은 쑥쑥 자라 곧 노란 꽃이 피고 열매가 달렸어. 어느 날 그곳을 지나가던 사람이 우연히 이 열매를 따먹었는데, 그때부터 모든 사람의 사랑을 받게 되었다고 해.
요희는 죽어서 '사랑의 묘약'으로 다시 태어난 셈이지.

드디어 찾았다, 요초! 이제 연애도 하고 결혼도 할 수 있겠지.

*전국시대(戰國時代) 칠웅(七雄) 가운데 하나였던 초(楚)나라의 왕. 재위는 기원전329~기원전 299.

회왕은 무산 신녀와 사랑을 나누며 그녀의 이야기를 밤새 들었어.
둘의 사랑은 불같이 타올랐지. 그렇게 하루가 지난 후….

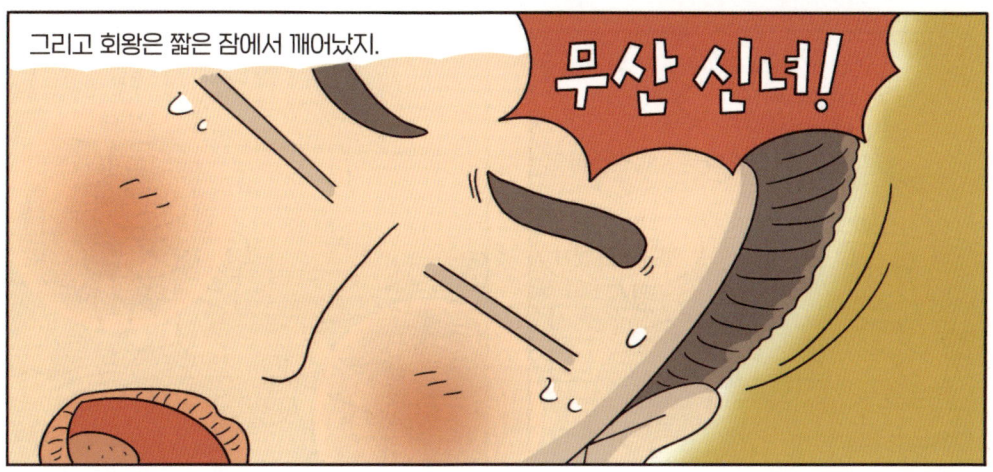

2. 창조와 사랑의 여신들 101

이로부터 '운우지정을 맺는다'라는 표현이 생겨났단다. 아침에는 구름이 되었다가 저녁에는 비가 되는 무산 신녀와의 사랑인데 남녀가 깊은 관계를 맺는 것을 뜻해. 회왕은 아침저녁으로 무산 신녀를 그리워했어. 무산 신녀와의 추억을 기리기 위해 무산의 남쪽에 조운관이라는 누대도 지었지. 조운이란 '아침의 구름', 즉 무산 신녀를 가리키는 말이야.

정 박사님의 재미있는 신화교실 8

무산 신녀와 회왕이 나눈 사랑의 의미

신화에는 무산 신녀와 회왕의 사랑과 같이 신과 인간이 서로 사랑을 나누는 이야기가 자주 등장한다. 이는 신과의 교감을 통해 완전한 경지에 이르고자 하는 인간의 종교적인 소망이 반영된 이야기라고 할 수 있다. 처음에는 대개 주목왕이나 초회왕처럼 신분이 고귀한 남성이 여신과 사랑을 나누는 이야기들이었으나, 나중에는 평범한 남성과 여신이 결합하는 경우가 많아진다.

2. 창조와 사랑의 여신들

지금까지는 여신과 고귀한 인간 남성 사이의 사랑 이야기였지만, 이제부터는 여신과 평범한 인간 남성 사이의 이야기를 해줄게.

*우주를 창조하고 주재하는 초자연적인 절대자.

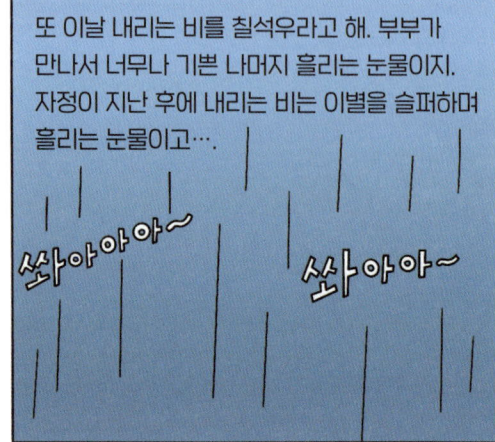

옛날 사람들은 견우와 직녀 이야기를 통해 사랑하는 사람과의 이별이 얼마나 힘든 일인지를 말하고 싶었는지도 몰라.

직녀가 등장하는 이야기 가운데 앞에서 본 동영 이야기보다 더 널리 알려지고 인기가 있었던 것이 '선녀와 나무꾼' 형 이야기야. 자, 그럼 우랑이라는 청년부터 만나 볼까? 우랑은 견우와 비슷하게 소를 키우며 살았어.

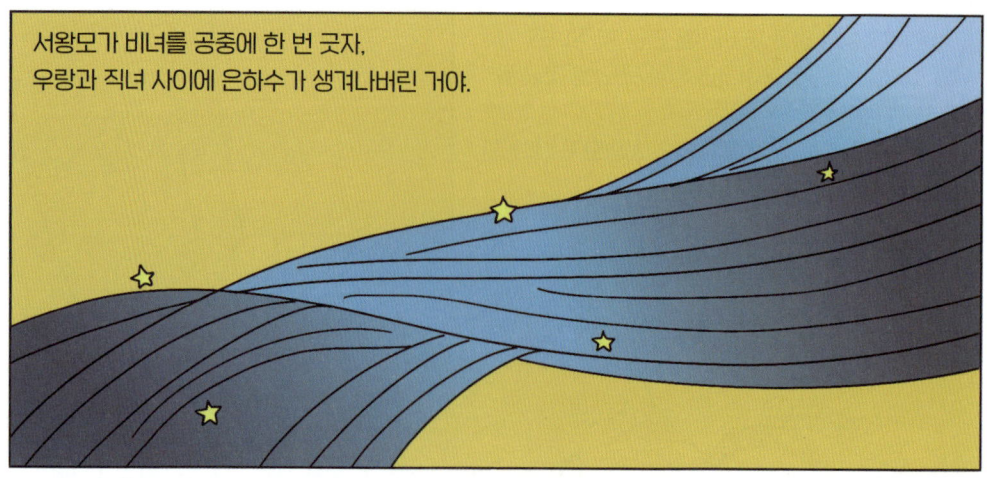

우리는 '신화'라고 하면 대부분 그리스 로마 신화를 떠올리게 되지. 그래서 예쁜 여신이 등장하고 사랑 이야기가 많이 나와야만 신화다운 신화라고 생각하는 경향이 있어. 그런데 세계 여러 곳의 신화를 보면 그런 연애 이야기는 그다지 많지 않아. 동양 여신들의 사랑 이야기도 많은 것은 아니지만 그리스 로마 신화의 사랑 이야기와는 또 다른 특징이 있는 거야.

정 박사님의 재미있는 신화교실 9

동아시아에 널리 퍼진
견우와 직녀 신화

동영 이야기나 우랑 이야기 외에도 견우와 직녀 신화는 여러 가지 다양한 형태로 전해지고 있다. 중국뿐만 아니라 한국과 일본에도 기본 줄거리는 같지만 세부적인 부분에서 조금씩 다른 이야기들이 널리 퍼져 있다. 그만큼 이 신화는 동아시아 지역에서 인기가 있었던 것이다. 덕흥리 고구려 고분 벽화에 이미 견우와 직녀가 그려져 있는 것으로 보아, 이 신화가 상당히 이른 시기부터 우리나라에서 유행했다는 것을 알 수 있다.

견우와 직녀 신화는 인류가 농경 생활을 시작하면서 남자가 밭을 갈고 여자가 길쌈을 하던 당시의 역할 분담 현실을 반영한다. 그리고 이 애틋한 내용은 고대인들이 실제로 농사와 길쌈을 하면서 풍작 또는 흉작 등의 형편을 점치던 견우성과 직녀성, 두 개의 별자리와도 상관이 있다.

직녀
지금 우리가 생각하는 미녀와는 거리가 있는 복스럽고 수더분한 얼굴이다. 명나라 때 장령의 〈직녀도〉.

고구려 고분 벽화 속의 견우와 직녀(위)
소를 끌고 가는 견우와 서 있는 직녀 사이에 은하수가 그려져 있다. 덕흥리 고분 벽화.

남원의 오작교(아래)
〈춘향전〉의 이 도령과 성춘향이 이곳에서 사랑을 속삭였다고 한다. 오작교는 견우와 직녀를 위해 까치가 놓아준 다리라는 뜻.

신 중의 신, 최고신을 찾아서

앞서 보았듯이 여신들이 인간과 세상을 보듬어준 뒤
남신들이 천하를 나누어 지배하기 시작했어.
여러 신과 싸워 이긴 최고신 '황제' 앞에서는 온갖 귀신과 요괴들도 꼼짝 못했다고 해.
그는 천상의 지배자이자 지상의 중앙을 다스리는 신이었지.
황제 이전에는 농업의 신인 염제 신농이 최고신이었어.
염제는 풀을 직접 맛보아 각 특성을 파악한 다음 인간에게 알려줄 만큼 자비로웠다고 해.

3 천하를 호령한 큰 신들

7화
동양신화의 제우스, 황제

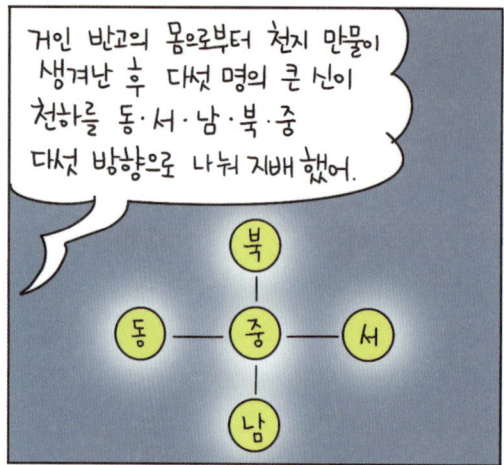

거인 반고의 몸으로부터 천지 만물이 생겨난 후 다섯 명의 큰 신이 천하를 동·서·남·북·중 다섯 방향으로 나눠 지배 했어.

동양에선 이 다섯 방향을 오방이라고 해. 숫자 5에는 흙, 쇠, 물, 나무, 불, 즉 우주 만물의 다섯 가지 구성 요소이자 작용 원리인 오행의 의미가 담겨 있지.

다섯 명의 큰 신 가운데 중앙을 다스리는 가장 강력한 신. 곧 신들의 임금인 황제* 헌원에 대해 알아보자. 헌원은 황제의 또 다른 이름이야.

*고대에는 '신 중의 신' 황제(黃帝)를 '황제(皇帝)'로 부르기도 했는데, 나중에 皇帝는 '인간의 제왕'을 의미하는 말로 사용되었다.

황제가 주로 거처하는 지상의 장소는 신들의 산이라 불리는 곤륜산이었어. 천상과 곤륜산을 오가면서 천하를 다스렸지. 황제는 얼굴이 넷이었다고도 하고, 누런 용의 몸을 가졌다고도 해. 몸이 누런 것은 그가 흙의 기운을 지녔기 때문이고, 용인 이유는 구름, 비, 바람, 이슬, 서리, 무지개 등 모든 기상 현상을 주관했기 때문이야. 특히 번개와 벼락을 잘 부렸대.

백택을 통해 귀신과 요괴들에 대해 배운 황제는 그것들을 모두 그림으로 그리게 했어.
천하의 사람들로 하여금 귀신과 요괴들의 정체를 파악하게 해 피해를 입지 않도록 한 거지.
또, 황제는 그것들을 쫓아내는 주문을 만들었어.
그 덕분에 온갖 귀신과 요괴들마저 제압할 수 있는 최고 지배자가 된 거야.

• 천지 사방의 귀신과 요괴들의 모습. 산동성 기남에 있는 한나라 때 화상석의 그림들을 조합한 것.

3. 천하를 호령한 큰 신들

염제는 의약의 신이기도 했는데, 자편이라는 붉은 채찍으로 한 번 내리치면 그 풀의 맛이나 특징, 효능을 다 알 수 있었다고 해. 또 다른 신화에 의하면, 매일 직접 풀을 씹어서 맛보다가 단장초라는 독초를 먹고는 창자가 끊어져 죽었다고도 해. 염제가 사람들에게 그만큼 헌신적이었다는 이야기겠지.

염제에게는 딸이 넷 있었는데, 이 여신들은 제각기 독특한 개성이 있었어. 우선 적제녀는 뽕나무의 신이 되어 살다가 승천했고,

요희는 무산의 신녀가 되어 초나라 회왕과 사랑에 빠졌으며,

여와*는 동해를 건너다 익사해 정위라는 새로 변신했고,

이름이 소녀로만 알려진 또 다른 딸은 적송자라는 신선을 따라가 도를 닦았다고 해.

*대지모신 여와(女媧)가 아닌 다른 여신 여와(女娃).

9화
좋은 신, 나쁜 신, 이상한 신

중국의 먼 동쪽 변방에 화서씨라는 종족이 사는 환상적이고 아름다운 나라가 있었어.

이 나라 사람들은 물에 젖지도, 불에 타지도 않으며 영원한 생명을 누리고 있었지.

어느 날 한 소녀가 뇌택이라는 호수에 놀러 갔다가 거인 발자국을 발견했어.

세상에… 이렇게 큰 발자국이 다 있네. 어디, 내 발보다 얼마나 큰지 볼까?

태호의 가장 큰 업적은 팔괘를 만든 거야. 위로는 하늘의 천체를, 아래로는 땅의 지형을 살피고 사물의 빼어난 모습을 고려해 만든 팔괘는 신들의 원리와 통하고 만물의 이치를 설명할 수 있었다고 해.

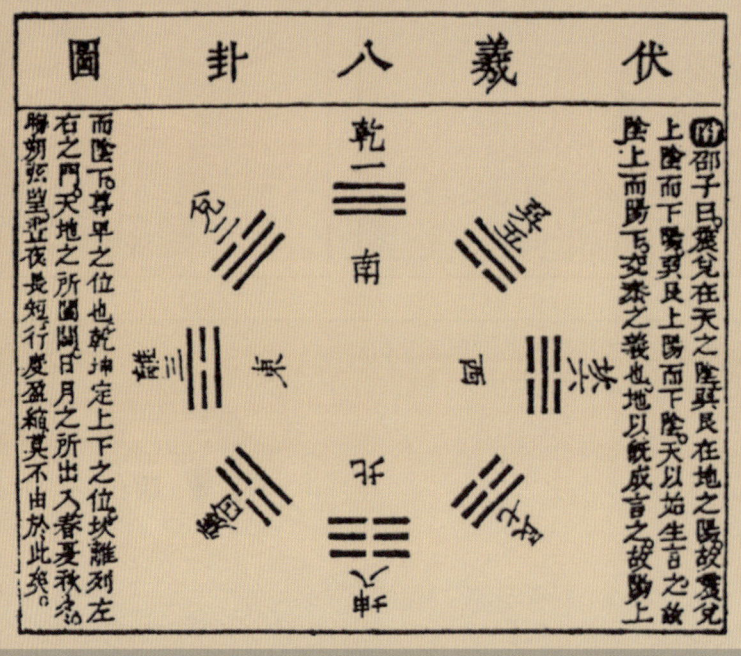

〈 복희 팔괘도 〉

팔괘는 음과 양의 두 가지 기운을 표시하는 --과 —의 부호로

하늘, 땅, 물, 불, 산, 우레, 바람, 늪, 여덟 가지 자연현상을 각기 다르게 표현한 것이란다.

3. 천하를 호령한 큰 신들 153

*금성은 '태백성'이라고도 하며, 길 잃은 자의 수호신이었다.

3. 천하를 호령한 큰 신들

*부엌을 지키는 신. 조왕신, 조군이라고도 한다.

전욱의 후손 중에는 800살이나 산 것으로 유명한 팽조도 있어.

전욱의 후손들은 중국 각지로 퍼져나가 남방의 계우국, 서방의 숙사국, 북방의 숙촉국 등을 세우기도 했지.

나야 나, 전욱!

정 박사님의 재미있는 신화교실 10

오방의 신들이 혼란스러운 이유

동양신화에 의하면, 천지만물이 생겨난 후 다섯 방향의 큰 신이 천하를 나눠 지배했다. 동쪽은 태호 복희, 서쪽은 소호 금천, 남쪽은 염제 신농, 북쪽은 전욱 고양, 그리고 중앙은 최고신 황제 헌원.

그런데 이 오방의 큰 신들을 하나하나 살펴보면, 이들의 이름이나 역할, 기능 등이 가끔 고정되지 않고 중복되거나 자리바꿈을 한다는 사실을 알 수 있다. 가령 홍수남매혼 신화의 소년 복희가 신성한 동방의 큰 신이 되어 있는가 하면, 서방의 큰 신 소호가 그 전에는 동방의 큰 신이기도 했고, 북방의 큰 신 전욱이 훗날 중앙의 최고신이 되기도 한다.

이런 혼란에는 이유가 있다. 첫째, 고대 중국 대륙에는 수많은 종족이 살고 있었는데, 시기별로 지배적인 종족이 바뀌면 그에 따라 신들의 지위도 바뀐 것이다. 둘째, 고대에는 중국의 영역이 좁았는데 세월이 흐르면서 넓어져 방위 개념도 바뀌었다. 처음의 동쪽이 나중에는 서쪽이 되기도 하고, 북쪽이 중앙이 되기도 하면서 신들이 담당하는 영역에도 변화가 생긴 것이다.

또 한 가지 흥미로운 사실이 있다. 오방신 중 태호와 염제, 소호 등 동방 출신 신들의 비중이 크고 황제와 전욱 등 서방 출신의 신들에 비해 더 오래된 것으로 이야기되고 있다는 점이다. 이것은 중국 문명이 초창기에 동방을 중심으로 발전했다는 사실을 암시한다.

동양의 오방신
중앙의 큰 신 황제, 남방의 큰 신 염제, 동방의 큰 신 태호, 서방의 큰 신 소호, 북방의 큰 신 전욱. 《천지인귀신도감》과 《한국 신화의 원형》.

현대의 황제와 염제 캐릭터
동아시테크의 《한국 신화의 원형》.

태양도 바람도 비도 모두 신화 속 주인공

세계 어느 곳이든 사람들은 자연에 대한 신화를 가지고 있어.
태양과 달 그리고 비, 바람, 벼락, 그로 인한 가뭄과 홍수를 만날 때마다
자연의 위력을 실감하며 살았던 옛날 사람들은 자연의 뒤에
엄청난 힘을 지닌 신과 같은 존재가 있다고 생각하게 되었지.
세계의 신화를 살펴보면 대개 태양신은 남신, 달의 신은 여신이야.
하지만 고대 동양에서 태양신은 여신이었대.
자, 열 개의 말썽꾸러기 태양 아들부터 만나보자!

4 자연에 깃든 신들

10화
하늘과 바람과 별의 신

시시포스는 산꼭대기로 바위를 밀어 올리는 벌을 받았는데, 힘들여서 거의 다 올렸다 싶으면 바윗돌이 도로 산 아래로 굴러가 버렸지. 시시포스는 영원히 바윗돌을 올리는 일을 되풀이해야만 했어.

정 박사님의 재미있는 신화교실 11

'동양의 비너스', 항아

우리는 아름다운 여신으로 그리스 로마 신화의 아프로디테, 곧 비너스를 떠올리지만 동양신화에서 최고의 미녀는 달의 여신 항아였다. 남편을 배신하여 그 벌로 두꺼비가 되었다는 다른 버전에도 불구하고, 사람들은 예쁜 항아가 달의 여신이 되어 월궁에 살며 계수나무와 옥토끼를 관리하는 것으로 상상했다. 우리나라에서도 항아는 서왕모와 더불어 가장 인기 있는 여신으로 시, 소설 등 문학작품에서 자주 등장하는 소재였다.

항아와 옥토끼
절구 찧는 옥토끼 옆의 항아. 시녀까지 딸려 있어 외로워 보이지 않는다. 《천지인귀신도감》.

원래 북두칠성 숭배는 샤머니즘, 즉 무속신앙과 관련이 깊어. 후세에 샤머니즘을 계승한 도교에서는 최고신 옥황상제의 궁궐이 북두칠성에 있다고 상상했지. 우리나라에서는 북두칠성이 새겨진 고인돌 돌판이 발견된 적도 있어. 이 별자리에 대한 숭배의 역사가 상당히 오래됐다는 걸 알 수 있겠지?

*고대 중국에서 점을 치고 거북의 등딱지나 짐승의 뼈에 새긴 글. 한자의 초기 형태이다.

중국의 고대 국가 은나라 때에는 바람의 신, 풍신을 숭배했어. 그때의 글자인 갑골문을 보면, 사방의 바람에게는 고유한 이름이 있고, 그들을 관장하는 신들이 있었대. 동풍을 맡은 신은 절단, 남풍을 맡은 신은 인인호라고 불렀지.

풍신은 이후 비렴으로 통일해서 불리다가 풍백이란 이름으로 고정됐어. 비렴신은 사슴의 몸에 새의 머리를 하고 뿔과 날개가 있는 신성한 동물의 모습으로 세상에 나타난대.

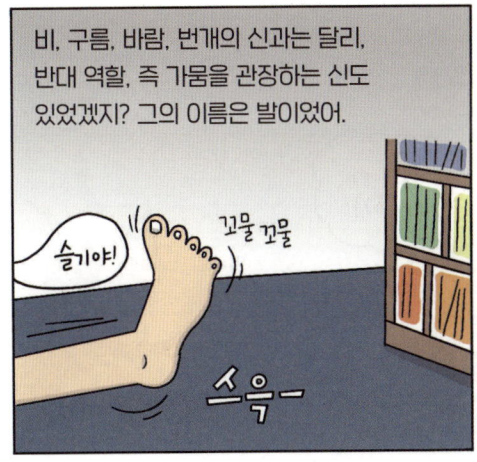

정 박사님의 재미있는 신화교실 12

동양의 자연 신화에 담긴
우리 고대 문화

동양의 자연 신화에는 우리 고대 문화와 상관된 내용도 있다. 바람의 신 풍백, 비의 신 우사, 구름의 신 운사는 환웅을 도와 고조선의 개국에 참여하기도 했다. 또 풍백의 옛 이름 '비렴'이 우리말 '바람'의 옛말에서 유래되었다는 주장도 있는데, 신성한 동물의 몸을 한 비렴이 고구려 고분 벽화에 등장하기도 한다.

그뿐만이 아니다. 고구려의 시조 주몽은 황하의 신 하백의 외손자였다.

고구려 고분 벽화 속의 바람의 신 비렴
사슴의 몸에 날개가 달려 있다. 중국 지린성 지안의 무용총.

4. 자연에 깃든 신들 177

11화
산과 바다를 다스리는 신

*중국의 가장 오래된 신화집. 수많은 신과 괴물들에 대해 기록하고 있다. 등장하는 산신만 해도 수십 명이다.

그럼 이번에는 청요산의 여신 무라에 대해 이야기해 볼까? 무라는 가는 허리에 하얀 이, 그리고 몸에 표범 무늬가 있었어. 늘 귀고리를 하고 있었는데, 그녀가 움직일 때마다 그것들이 서로 부딪쳐 나는 소리가 구슬이 울리는 것처럼 맑고 청아했다고 해.

여신 무라가 다스리는 청요산은 여성을 위한 산이었어. 이곳에는 오리같이 생기고 붉은 눈과 빨간 꼬리를 지닌 새가 살았어.

4. 자연에 깃든 신들

12화
왜 귀신은 새벽이 오면 도망갈까?

동양 신화에서 다섯 가지 방향을 맡은 큰 신들을 기억하고 있니?

동방의 신 : 태호
서방의 신 : 소호
남방의 신 : 염제
북방의 신 : 전욱
중앙의 신 : 황제

사방의 큰 신들에게는 각자 한 명의 보좌신이 있어서 각 계절을 담당했어. 이들은 동양의 전통 사상인 음양오행설에 따라 각자의 특징을 가지고 있었지. 가령 태호의 보좌신인 봄의 신 구망이 탄생과 수명을 맡았다면, 소호의 보좌신인 가을의 신 욕수는 징계와 형벌을 맡았단다.

" 봄의 신 : 구망
여름의 신 : 축융
가을의 신 : 욕수
겨울의 신 : 현명 "

정 박사님의 재미있는 신화교실 13

귀신이나 나쁜 기운을 쫓는
문신

후세 사람들은 재난을 일으키는 악귀의 침입을 막기 위해 자기 집 대문에 귀신을 다스리는 신인 신도와 울루의 모습을 그려 붙이거나 복숭아나무 부적, 갈대 끈 등을 매달았다. 이처럼 대문에 그려 붙여져 귀신이나 나쁜 기운을 쫓는 역할을 하는 신을 문신(門神)이라고 부른다.

신도와 울루 이외에도 도술이 뛰어났다는 강태공, 전쟁의 영웅 치우 등이 이러한 역할을 했다.

귀신들의 감독관 신도와 울루
오른쪽에 도삭산의 복숭아나무가 보이고, 울루의 왼손에 갈대 끈이 들려 있다. 《천지인귀신도감》.

4. 자연에 깃든 신들

인간을 도운 신들의 이야기

자기들끼리 요란하게 살던 신화 속 신들 중에는 인간에게 이로운 신들도 있었어.
불을 발명해 인간에게 선물한 신도 있고, 어떤 풀이 몸에 좋은지 알려준 신도 있었지.
무기를 만드는 법을 알려준 신도 있고, 문자를 전해준 신도 있었어.
우주 만물에 대한 호기심의 결과가 신화라는 사실은 앞에서 말했지?
인간 세상에 대한 호기심은 어떤 신화를 탄생시켰을까?

5 인간의 세상이 열리다

13화
인간을 야만에서 구한 불

불이 발명되지 않았다면 인간은 야만 상태에서 벗어나지 못했을 거야. 그렇다면 불은 누가 발명했을까? 동양신화에서 불을 발명한 존재는 한둘이 아니야.

5. 인간의 세상이 열리다

정 박사님의 재미있는 신화교실 14

인간을 만물의 중심에 올려놓은
불의 발명

인류 역사에서 불의 발명은 야만 상태와 문명을 가름하는 첫 사건이었다고 할 수 있다. 그리스 로마 신화를 보면, 짐승과 다름없는 생활을 하던 인류가 프로메테우스로부터 불을 얻은 이후 마침내 신들의 지위를 위협하는 경지에 이른다.

불의 발명은 자연을 두려워하던 나약한 인간을 만물의 중심에 올려놓았다. 키플링의 소설《정글북》에서 모글리는 나약하기 그지없는 소년이었는데, 어느 날 우연히 사람의 집에 내려갔다가 불을 훔쳐서 돌아온다. 이후 숲속 세계에서 그의 생명을 위협하던 맹수들마저 그를 두려워하게 된다. 이처럼 불을 사용할 줄 알게 됨으로써 인간은 동물의 세계에서 분리된 특별한 존재가 된 것이다.

서양 신화에서 불은 원래 신이 지니고 있던 것이었지만, 동양신화에서 불은 저절로 존재했던 것이 아니라 특정한 신이 발명한 것으로 묘사된다. 수인씨뿐만 아니라 복희, 염제, 황제 등 여러 신이 불의 발명자로 거론된다. 그만큼 불의 발명은 신들의 업적 중에서도 중요한 것이었음을 알 수 있다.

우리나라의 경우에도 고구려 고분 벽화에 수인씨처럼 나무를 마찰해 불을 피우는 신과 아울러 불씨를 손에 든 불의 신이 출현한다.

정글 소년 모글리
마을에서 얻어온 불로 호랑이 꼬리를 태우고 있다. 《정글북》 동화책의 삽화.

고구려의 불의 신
오른손에 불씨를 들고 있다. 중국 지림성 지안의 오회분 4호묘 벽화.

불, 농업, 어업에 이어서 이번엔 잠업, 그러니까 누에 치는 일을 누가 발명했는지 알아볼까? 누에를 치면 고치에서 실을 뽑아 옷을 만들 수가 있어. 황제의 아내 뇌조가 처음 이것을 백성들에게 가르쳐 주었다고도 하고, 촉나라를 세운 잠총이 매년 초 백성들에게 황금빛 누에를 한 마리씩 나눠주었다고도 해.

마을 여자들이 그 누에를 가져다 길러 좋은 비단을 얻을 수 있었어. 이후로 사람들은 그 나무를 상(桑)이라고 불렀는데, 목숨을 잃었다는 상(喪)과 발음이 같기 때문이었어. 상은 지금의 뽕나무를 말하고, 누에는 그 잎을 먹고 자란단다.

말과 결혼하겠다는 약속을 어긴 소녀는 결국 말과 한 몸이 된 채 누에로 변해 버렸지만 그 후 사람들은 비극의 주인공이 된 소녀에게 누에 치기가 잘되기를 기원했고, 소녀는 누에의 여신 즉 잠신으로 숭배되었지.

14화
인간의 삶을 이롭게 한 문명의 신들

모험아, 슬기야! 인간의 생존에 가장 중요한 발명품은 뭘까?

바로 의술과 약을 들 수 있어. 농업의 신인 염제는 의약의 창시자로도 유명하단다. 그는 온갖 풀을 직접 맛보며 각각의 특성을 파악해서 치료에 응용했어.

흠… 풀 맛이 조금 색다른걸?

앞에서 염제가 자편이라는 붉은 채찍을 한 번 내리치면 풀의 특성을 알 수 있었다는 이야기는 했지? 하지만 염제는 풀들을 일일이 맛보다가 독초에 중독될 만큼 인류에 헌신적이었다고 해.

오늘은 이 풀을 한번 먹어 보자.

우걱우걱

이 풀은 소화에 아주 탁월하군!

*중국 고대 전설상의 임금. 그의 뒤를 이은 순(舜)과 함께 이상적인 군주로 꼽힌다.

*중국 최초의 나라. 기원전 15세기 무렵 은(殷)나라에 망했다.

무기의 발명도 매우 중요한 사건이었어. 원시 인류에게 무기는 생존을 위해 없어서는 안 될 도구였거든. 그중에서도 활이 가장 유용했지.

활은 거리가 멀어도 순식간에 적을 쓰러뜨리는 놀라운 위력을 지니고 있기 때문에, 활을 처음 만든 사람에 대해서도 여러 가지 이야기가 전해진단다. 서방의 큰 신 소호의 아들 반이 활과 화살을 만들었다고도 하고, 황제의 신하 휘가 활을, 모이가 화살을 만들었다고도 해.

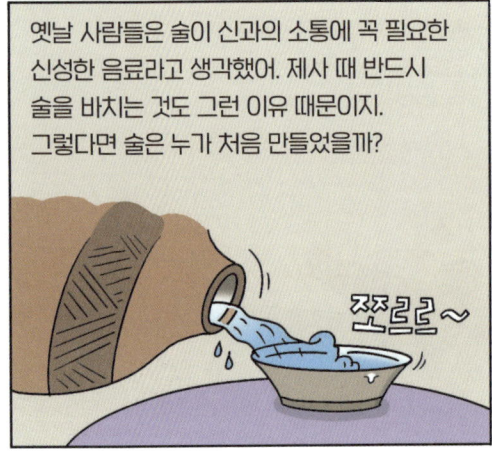

옛날 사람들은 술이 신과의 소통에 꼭 필요한 신성한 음료라고 생각했어. 제사 때 반드시 술을 바치는 것도 그런 이유 때문이지. 그렇다면 술은 누가 처음 만들었을까?

두강이라는 사람이 처음 곡식으로 술을 빚었다고 해.

역시, 이 맛이야!

*중국 고대 전설상의 임금. 황하의 홍수를 다스린 후 순으로부터 왕위를 물려받아 하나라를 세웠다고 한다.

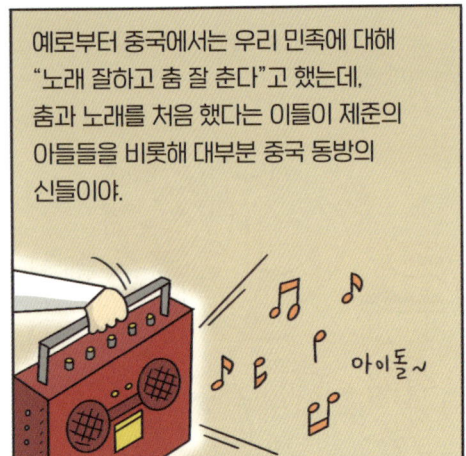

그림 다음에는 뭐가 발명되었을까? 바로 문자야. 문자를 사용하기 시작하면서 인류는 그 전과 구분되는 새로운 문명 시대, 즉 역사 시대로 접어든단다.
그렇다면 문자는 누가 처음 만들었을까?

신화에서는 황제의 신하 창힐이 처음 문자를 만들었다고 기록하고 있어. 용의 얼굴에 눈이 넷이었는데, 그 눈들은 아주 신령스러운 빛을 발했대.

그런데 이게 글자인지 그림인지 도저히 모르겠다.

처음엔 자연의 모방을 통해서 글자를 만들었어.

하늘과 땅의 변화무쌍한 모습과, 짐승의 무늬나 발자국을 흉내내어 최초의 문자를 만든 거지. 상형문자인 한자가 그것이야.

정 박사님의 재미있는 신화교실 15

문명의 창시자들

한자는 신화에서 이야기하듯이 창힐이라는 한 개인에 의해 만들어진 것이 아니라, 오랜 세월에 걸쳐 수많은 사람의 노력을 통해 완성되었다. 그것은 신석기 시대에 처음 원시적 형태가 출현한 후, 은나라의 갑골문에 이르러 비로소 기본적인 모습을 갖추었다.

동양신화에서 토기나 무기, 의술이나 문자 등 문명의 창시자들은 그리스 로마 신화와 달리 여러 신 혹은 여러 사람이다. 이는 중국 대륙에 거주하던 다양한 종족들에게 중요한 도구 혹은 문화를 창시한 존재가 제각각 있었고, 또 그것들이 오랜 세월 동안 여러 종족, 여러 단계를 거쳐 발전해 왔기 때문이다.

고구려 고분 벽화에도 불의 신과 농업의 신을 비롯해 수레의 신, 대장장이 신, 문자의 신 등 많은 문명신들이 그려져 있다.

갑골에 새겨진 글자
고대 중국에서는 거북의 등딱지나 짐승의 뼈에 문자를 새겼다. 이를 통해 한자의 초기 형태를 알 수 있다. 중국 허난성 안양 출토.

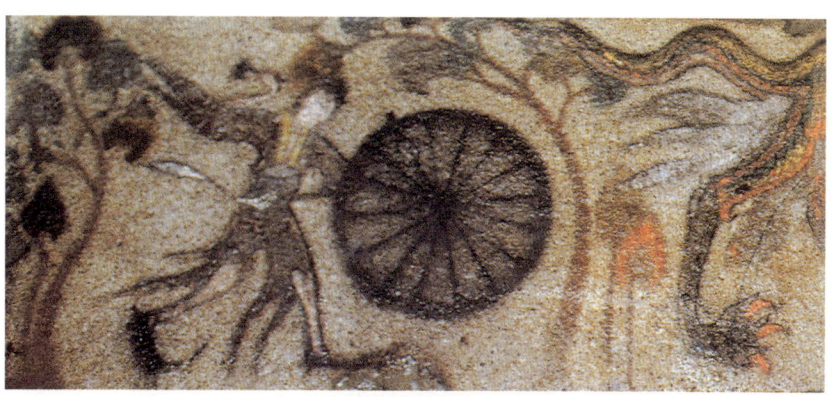

고구려 고분 벽화 속 수레의 신
수레의 신이 바퀴를 만들고 있다. 중국 지린성 지안의 오회분 4호묘 벽화.